Hallein-Bad Dürrnberg
in alten Ansichten

Franz Andreas Kurz

Europäische Bibliothek   ZALTBOMMEL / NIEDERLANDE

1   Die erste Aufnahme zeigt den Kern der historischen Salzstadt Hallein, die zwischen dem Salzachfluss und den Abhängen des Dürrnberg (710 m) entstanden ist. Bereits seit 1230 ist Hallein Stadt. Die älteste Urkunde stammt aus dem Jahre 1198, die rasche Entwicklung ist dem Salzvorkommen am Dürrnberg zu danken. In der Stadt Hallein wurde die Sole durch Verdampfung zu Salz verarbeitet. Dazu waren große Mengen Holz erforderlich, das vom Oberpinzgau über den Pongau bis zur Stadt Hallein getriftet werden musste. Neben der Salzproduktion selbst sind Erwerbszweige wie Holzknechte, Forstleute, Rechenarbeiter, Flösser, Kleitzer und Küfer, Schiffbauer und Schiffer, um nur die wichtigsten zu nennen, notwendig gewesen. Eine Verdichtung der Talsiedlung war die Folge. Viele Wohnhäuser für die Salinenarbeiter und Bürgerhäuser für die Beamten und Handelsleute sind entstanden.

2 Das Stadtbild von Hallein ist geprägt durch die typische Inn-Salzach-bauweise der Bürgerhäuser. Gewölbe im Keller und Erdgeschoss, teilweise auch im ersten Obergeschoss. Bei größeren Bauten sind Tonnen- oder Kreuzgewölbe aneinander gereiht. Die Einfahrtstore sind meist großzügig angelegt. Dachkonstruktionen bilden das typische Grabendach. Eine sogenannte Vorschussmauer schließt die Giebel zur Straßenseite hin ab. An den Hohlkellen sind vielfach sakrale Sprüche oder Abbildungen angebracht. Die Keller waren meist untereinander durch stollenähnliche Durchgänge verbunden. Diese dienten als Fluchtwege bei Katastrophen oder bösen Krankheiten.

Hallein vom Riedl

3 Auf dem Kornsteinplatz, früher auch Kornmarkt und von 1945 bis 1964 Hans-Pramer-Platz genannt, wurde jeden Dienstag und Donnerstag der Getreidemarkt abgehalten. Eine Getreideschranne bestand seit 1527 und wurde 1858 aufgehoben. Seit vielen Jahren findet dort, an Samstagen, wieder der Grünmarkt statt. Das am Platz befindliche steinerne Getreidemaß kam auf unbekannte Weise in private Hände. Erst 1955 wurde der Maßstein wieder aufgefunden und befindet sich seither im Stadtmuseum. Am Kornsteinplatz befand sich auch das alte Waaghaus, das ebenfalls aufgelassen werden musste.

4   Der nach dem Halleiner Bürgermeister Josef Schöndorfer (1892 – 1899) benannte Platz wurde früher als Marktplatz, später als Richter- bzw. als Stadtrichterplatz bezeichnet. Ein Teil des Platzes wurde die Lauben genannt. Zu Ehren des verdienten Bürgermeisters wurde 1907 ein Denkmal errichtet, das während des Zweiten Weltkriegs abgetragen wurde. Erst 1960 fasste die Gemeindevertretung den Beschluss das Denkmal im Stadtpark wieder aufzustellen. Seither ist dort auf einem Sockel die Büste zu sehen.

5   Mathias-Bayrhamer-Platz, ehemals Sauplatz, Schweinemarkt, Viehmarktplatz, auf der Lacken, Dollfussplatz und von 1939 bis 1945 Adolf-Hitler-Platz. Entstanden ist dieser Platz durch die Demolierung des Pfannhauses Werch, das bereits im 13. Jahrhundert dort gestanden ist.

Zu Ehren gekommen ist Mathias Bayrhamer durch namhafte Stiftungen für wohltätige Zwecke. So hatte er in seinem Testament festgelegt, dass sein Neffe Gotthart Bayrhamer rund zwei Millionen Gulden an die in Hallein bestehenden Fonde zuweisen muss. Der Stadtarmenfonds erhielt 5000 Gulden, das Regelhaus der Schulschwestern 4375 Gulden, der Schifferfonds 6000 Gulden, der Mädchenerziehungsfonds 3000 Gulden, das Dienstbotenspital bekam 4375 Gulden, dem Bürgerspital und dem Leprosenhaus wurden ebenfalls 4375 Gulden zugesprochen.

6   Vorerst hat es in Hallein nur evangelische Notkirchen gegeben, bis schließlich am 4. Mai 1945, mit dem Amtsantritt von Pfarrer Max Reinhardt Pätzold eine selbständige Pfarre gegründet wurde. Eine Notkirche hat es in Hallein wie erwähnt bereits gegeben. Mit Hilfe der Zimmermannsklasse aus der Bundesfachschule wurde vom Abbruchholz eines Kriegsgefangenenlagers bei Braunau Ende 1919 eine provisorische Kirche errichtet. Das erste stabile Kirchenbauwerk ist auf der Postkarte zu sehen. Zu einem Neubau ist es erst 1968 gekommen.

7   Das Vereinsleben in Hallein war stets ein reges. Aus dem Vereinsverzeichnis von 1925 geht hervor, dass 109 Vereine gemeldet waren. Viele davon bestehen heute noch. Manche Aufgaben die in den zwanziger und dreißiger Jahren noch von Vereinen erledigt wurden, hat die Kommune oder der Staat übernommen. Wer kennt heute noch ein Apostolat der christlichen Töchter, einen Arbeiteresperantobund 'Frateco' oder einen Gemütlichkeitsclub. Selbst für jene, die keinem Verein angehörten wurde der Verein der Vereinslosen gegründet. Erfreulich ist, dass sich viele Kultur- und Sportvereine bis in unsere Tage erhalten haben.

8   Dieses Bild aus dem Jahre 1941 zeigt den Unteren Markt. Früher nannte man diesen Straßenzug Niederer Markt (nydern Marckht) und während der Zeit zwischen 1939 und 1945 Straße der SA. Besonders beachtenswert sind die hölzernen Geschäftsportale links und rechts der Straße. Auf der linken Seite der Tabakhauptverlag mit einem Lebensmittelgeschäft und der Drogerie Hojnik, sowie dem Milchgeschäft Anton Mayr. Rechts Glas und Porzellan Hickade, das Café Braun und Hut und Mode Josef Leiseder von unten nach oben.

9   Der Pfannhauserplatz, früher auch Salinen- oder Magazinsplatz genannt, hieß während der Zeit des Zweiten Weltkriegs auch Knappenplatz, obwohl die Bergknappen mit diesem Platz niemals in Verbindung standen. Auf der linken Seite sehen wir die Wohnhäuser der Salinenbeamten und am hinteren Platzende das sogenannte Stampflbräu, das als letzte der zehn Brauereien in der Stadt 1920 die Biererzeugung einstellte.

10   Dieses Foto wurde am 7. September 1920 gemacht. Die Stadt wollte die wiederholten Hochwasserkatastrophen dokumentieren. Die austretende Salzach überflutete die Stadt und die angrenzenden Gebiete. Die Zuläufe zur Salzach waren nicht in der Lage einen ordnungsgemäßen Abfluss zu gewährleisten. Selbst der friedliche Ledererbach verwandelte sich in einen reißenden Gebirgsbach. Die Kaltenhauser-Brücke drohte einzustürzen und in Oberalm wurde das Wehr der Kiefer AG abgeschwemmt. Das Schöndorferwerk war nicht mehr in der Lage, den notwendigen Strom zu erzeugen. Die Umstellung auf Dieselbetrieb dauerte Wochen. Nach gemachten Schätzungen betrug der Schaden 200 000 Kronen.

11   Obwohl Hallein das wirtschaftliche Standbein für den Wohlstand der Erzbischöfe war, blieben die Menschen der Stadt arm. Um die Jahrhundertwende mussten Betriebe angesiedelt werden, die Grundlage für eine Beschäftigung der Arbeitslosen waren. Neben der Zellulose-Fabrik konnte auch die österreichische Tabakregie dazu gewonnen werden in Hallein-Burgfried einen Betrieb zu eröffnen. Mit dem Bau eines zeitgemäßen Fabriksgebäudes konnten einige hundert Frauen Beschäftigung finden. Nach siebzig Jahren wurde die Produktion von Rauch- und Tabakwaren im Jahre 1938 eingestellt. In der Blütezeit (1922) hat der österreichische Monopolbetrieb in Hallein 605 Mitarbeiter beschäftigt, davon über 90 Prozent Frauen.

12 Die beiden Bombentrichter am Foto sind am Mittwoch, den 25. April 1945 entstanden. Die Berge waren noch auf 900 m herunter mit Schnee bedeckt. Es war ein sonnenreicher Frühlingstag. Um 9.30 Uhr wird Voralarm gegeben, eine halbe Stunde später fallen die Bomben. Angriffsziel war der 6 km entfernte Obersalzberg. Die Menschen flüchteten in die Stollen. Die auf den Bergen Rossfeld und Zinken postierte Flack schoss auf die Flugzeuge der Airforce und zwang einige Bomber zu Notabwürfen außerhalb des Zielgebietes, die schließlich am Dürrnberg und in Hallein-Burgfried niedergingen. Dadurch wurden einige Bauernhäuser beschädigt. Am Dürrnberg wurde das Hinterramsaugut total zerstört. Die ersten Bodentruppen kamen über den Grenzübergang Ziel und der Dürrnbergstraße am 3. Mai 1945 nach Hallein.

13   Durch die Bombardierung des Hinterramsaugutes musste die Familie evakuiert werden. Die Familie bezog eine Notunterkunft, wofür sich ein ehemaliger Schießstand der Dürrnberger Knappenschützen an der Glanerbergstraße anbot. Die Familie bestand aus den Eltern Johann und Katharina Stangassinger mit sechs Kindern. Bis zum Wiederaufbau des Wohnhauses im Jahr 1948 bewohnte die Familie den Schießstand. Anschließend wurde das Gebäude, bestehend aus einem Fachwerksbau mit einem Ziegelmauerwerk, abgetragen und wurden die Bauteile für die Errichtung des Einfahrtsgebäudes (1951) verwendet.

14 Am 21. April 1951 erfolgte die Grundsteinlegung zur Errichtung der Rehhofsiedlung in Hallein-Au. Die Planung kam auf Intervention der Stadt Hallein zustande. Die Kongregation der Halleiner Schulschwestern verkaufte das sogenannte Klostergütl zum Zwecke der Errichtung einer Wohnsiedlung. Nach Arrondierungen mit den Grundstücken des Rehhofbauern konnte mit dem Bau von vorerst fünfzig Siedlungshäusern begonnen werden. Bauträger war das österreichische Siedlungswerk. In den Folgejahren haben private Bauwillige Grundstücke angekauft um darauf ihr Eigenheim zu errichten. Heute ist die Rehhofsiedlung ein schöner Stadtteil Halleins mit einer hohen Wohnqualität.

15 Die Salzach muss als Lebensader für die wirtschaftliche Entwicklung der Stadt Hallein und Salzburg bezeichnet werden. Ohne 'Wasserstraße' wäre der Salztransport Salzachabwärts bis zum Schwarzen Meer undenkbar gewesen. Nicht nur Hallein hat von diesem Umstand profitiert. Alle Flussstädte von Hallein abwärts über Oberndorf/Laufen, Tittmoning, Burghausen nach Passau zur Donau waren Nutznießer der Salzachschifffahrt. Natürlich hatte die Salzach auch eine zweite Seite. Bei Hochwasser kam es oft zu Überschwemmungen, von der die ganze Stadt mit dem Burgfried betroffen war. Oftmals mussten die Arbeiten in der Saline tagelang eingestellt werden und die Kosten der Aufräumungsarbeiten waren beträchtlich.

16 Am Bild der berühmte Halleiner Griesrechen, der über Jahrhunderte als größte Holztriftanlage Europas galt. Über die Salzach, aus den Hochwäldern der Gebirgsgaue, wurde Gruben-, Brenn- und Nutzholz für den Bergwerks- und Sudbetrieb getriftet. Die moderne Zeit verurteilte die Rechenanlage zum Niedergang. Mit dem Aufkommen des Schienenverkehrs sank die Bedeutung des Holzrechens. Allmählich setzte auch ein Verfall der Wehranlage ein. Ein Hochwasser von 1920 gab ihr den Rest. Die Anlage musste abgebrochen werden. Damit kam ein Wirtschaftszweig, der über ein Jahrtausend für das Wohl und Wehe der Stadt bestimmend war, zum erliegen.

17 Der alte Holzrechen hatte, wie bereits beschrieben, für den Holztransport an Bedeutung verloren. Die Papierfabrik 'The Kellner Partington' plante nun die Errichtung einer sogenannten Dachwehranlage über die Salzach, mit anschließender Regulierung des Flussbettes. An den Kosten beteiligten sich neben dem Bundesministerium für Land und Forstwirtschaft, das Land Salzburg, die österreichischen Salinen und die Stadt Hallein. Geplant wurde die gesamte Anlage von Hofrat Ing. Josef Überreiter. Die Bauleitung lag in Händen des Oberbaurates Ing. Karl Zinnburg. Treibende Kraft für die Verwirklichung der Salzach-Regulierungsbauten war Bürgermeister Anton Neumayer.

Hallein, Neues Salzachwehr.

18 Bedingt durch die Regulierung der Salzach ergab sich die Möglichkeit zur Errichtung einer zeitgemäßen Badeanlage. Im Süden der Stadt, auf der 'Pitschachinsel', fand man den geeigneten Platz. Gerade vor der 700-jährigen Stadterhebungsfeier im Jahre 1930 konnte Europas größte und modernste Badeanlage am 1. Juli 1928 in Betrieb genommen werden. 8000 Menschen aus vielen Umlandgemeinden und der Stadt Salzburg kamen zur Eröffnungsfeier, die von Sektionschef Holenia, Landeshauptmann Dr. Rehrl und Bürgermeister Neumayer vorgenommen wurde. Das Halleiner Strandbad hatte eine Wasserfläche von 4000 m^2, ein Kinder-Planschbecken mit 260 m^2, einen Wassertoboggan und Sprungtürme. Die Gesamtkosten betrugen 234.000 Schilling.

19 Die Uferschutzbauten an der Salzach, siehe Foto, ermöglichten nun eine Nutzung der anliegenden Grundstücke. Vor allem konnte der dringend notwendige Wohnbau in Angriff genommen werden. In den zwanziger und dreißiger Jahren ist dann auch die Wohnsiedlung am Griesrechen entstanden. Als Notwendigkeit erwies sich der Bau einer zweiten Salzachbrücke im Süden der Stadt. Am 1. Juli 1928 wurde das Bauwerk in Form eines Steges über die Salzach eröffnet. In Würdigung seiner Verdienste um die Stadt Hallein erhielt der neue Steg den Namen des Bürgermeisters Anton Neumayer. Bereits in der Nacht vor der Eröffnung wurde der Betonsteg mit elektrischem Licht (siehe Foto) beleuchtet. Der Platz vor dem Steg am linken Salzachufer bekam den Namen Anton-Neumayer-Platz.

20   Als Kino und Theater kombiniert existiert das Stadtkino Hallein seit 1926. Das Haus wurde, was den Bühnenturm und den Saaltrakt betrifft, 1925 durch den bedeutenden Architekten Wunibald Deininger geplant. In den Jahren von 1950 bis 1953 wurde das Gebäude umgestaltet. Es erhielt einen Vorbau, in dem ein Gastbetrieb untergebracht wurde. Das Fassungsvermögen betrug 570 Plätze. In den Nachkriegsjahren bis 1960 wurden überwiegend Kinovorstellungen gezeigt. Theateraufführungen fanden selten statt. Das Stadtkino steht seit seinem Bestehen im Besitz der Stadtgemeinde Hallein.

21 Die berühmte Schnabelkanne vom Dürrnberg wurde Ende September 1932 von Prof. Klose, im Beisein von Frau Nora Watteck, unweit des Obersteinbergstollens (Bergeinfahrt) entdeckt und freigelegt. Aus einem geplünderten Wagengrab der frühen La-Tène-Zeit barg Prof. Klose nahezu unversehrt diese Bronzeschnabelkanne, wie sie auf dem Bild zu sehen ist. Der Körper des 46 cm hohen Gefäßes wurde aus einem einzigen Stück Bronzeblech herausgetrieben. Die plastischen Verzierungen wiederholen sich. Der höchste Gott der keltischen Mythologie bildet den Henkel. Als gefräßiges Ungeheuer erfasst er einen menschlichen Kopf. Die beiden Tiere am Kannenrand wiederholen das Motiv. Aus ihren Mäulern ragt die halbverschlungene Beute.

22 Am 22. März 1943, kurz nach 15.00 Uhr ist im Gefangenentrakt des Gerichtsgebäudes am Georgsberg ein Feuer ausgebrochen. Die Flammen haben auf den Dachstuhl der Klosterkirche übergegriffen. Das gesamte Gebäude wurde, trotz Bemühen der Feuerwehr, beträchtlich zerstört. Der aufkommende Wind verbreitete den Brand zum Turm der Stadtpfarrkirche und weiter bis zum Heiligen Kreuz an der Dürrnbergstraße. Alle genannten Objekte wurden ein Raub der Flammen. Stark betroffen waren auch das ehemalige Wohnhaus des Komponisten Franz Xaver Gruber und einige Dächer im Pfarrbezirk. Während die Häuser mit Kirche am Georgsberg abgetragen werden mussten, konnten die übrigen Gebäude instand gesetzt werden. Der Kirchturm ist ebenfalls eingestürzt und musste später durch einen Neubau ersetzt werden.

23   Es war Prof. Edmund Stierschneider, der sich zum Ziel setzte in Hallein eine Mittelschule zu gründen. Er nützte dazu als Sprachrohr die von ihm gegründete Halleiner Zeitung. Beim zuständigen Landesschulinspektor Dr. Mathias Laireiter fand er Gehör. 1953 konnte Prof. Stierschneider durch Umfragen feststellen, dass genügend Schüler ein Gymnasium besuchen würden. Ein Proponentenkomitee wurde gegründet, das eine Eingabe an den Landesschulrat unterzeichnete. Am 20. März 1954 verabschiedete die Gemeindevertretung der Stadt Hallein einen einstimmigen positiven Beschluss. Schließlich konnte der Unterricht mit einer ersten und zweiten Klasse im sogenannten Gesellenhaus am Schöndorferplatz (siehe Foto) aufgenommen werden.

24 Anlässlich des 90. Todestages des Komponisten von 'Stille Nacht, Heilige Nacht', Franz Xaver Gruber, veranstalteten Stadt und Liedertafel vor dem Wohnhaus und der Grabstätte eine Gedenkfeier. Bürgermeister Döttl und Dechant Loitfelder gingen in ihren Ansprachen auf das Wirken dieses berühmten Mannes ein. Dreißig Jahre seines Lebens hat F.X. Gruber in Hallein als Chorregent gewirkt. Neben dem berühmtesten aller Lieder, 'Stille Nacht, Heilige Nacht', hat der Komponist weitere 140 Kirchenmelodien verfasst. Die Halleiner Liedertafel, deren Gründungsmitglied Gruber war, umrahmte die Gedenkfeier musikalisch. Ein Bläserensemble des Mozarteums Salzburg spielte dazu 'Stille Nacht, Heilige Nacht'. Die kostbare Hinterlassenschaft aus dem Besitz des Komponisten, einschließlich der Original-Gitarre auf der das Lied erstmals begleitet wurde, befindet sich im Stille-Nacht-Museum in Hallein.

25   Das privilegierte uniformierte Bürgercorps der Stadt Hallein, siehe Foto, war ehemals als Schutztruppe zur Bewachung der Stadt eingesetzt. Im Laufe der Zeit hat sich diese Funktion erübrigt. Die Bürgergarde mit Musik ist ein Stück 'Alt-Hallein' geworden. Sie verleiht den Festen in und außerhalb der Stadt Ansehen und die Halleiner sind stolz auf 'ihre Garde'. 1938 wurde von den damaligen Herrschern ein Vereinsverbot ausgesprochen, weshalb auch die Bürgergarde ihre Aktivitäten einstellen musste. Nach dem Zweiten Weltkrieg kam es zur Wiedergeburt der traditionsreichen Halleiner Garde. Auf Betreiben von Bürgermeister Johannes Döttl wurde Herr Anton Mayr im Jahre 1953 mit der Wiederaufstellung des Korps betraut. Dieser verstand es in schweren Zeiten die ruhmreiche Halleiner Garde wieder zu hohem Ansehen zu bringen.

26 Am 9. Mai 1957 kaufte die Stadt Hallein das Schloss Wiespach. Nach vorliegenden Plänen sollte dort eine Jugendherberge eingerichtet werden. Dafür wurde ein Darlehen von 400 000 Schilling aufgenommen. Einige Monate später waren die Umbauarbeiten provisorisch abgeschlossen. 103 Betten standen zur Verfügung. Die freie Fläche von Schloss Wiespach mit dem sogenannten Kavalierhaus und dem Meierhaus mussten zur Errichtung des Schlossbades, einer Freischwimmanlage mit den dazugehörigen Einrichtungen, weichen. Die früheren Besitzer der Schlossanlage waren Erzbischöfe, das Rittergeschlecht der Wiespacher (Wiesbecken) und vor dem Kauf durch die Stadt, des Grafen von Esterhazy. 1960 wurde begonnen, auf dem Areal die Badeanlage zu errichten.

27   Die im August 1952 errichtete Salzbergbahn von Hallein auf den Dürrnberg war für die Erschließung des Sommer- und Winterkurortes Dürrnberg von großer Bedeutung. Es war deshalb naheliegend den Zinken als einen der schönsten Aussichtspunkte des Landes Salzburg, ebenfalls zu erschließen (siehe Foto). Die Seilbahn brachte im Jahresschnitt 300 000 Personen auf den Dürrnberg. Über Beschluss der Stadtgemeinde Hallein wurde der Bau eines Sesselliftes und eines Schleifliftes am Zinken in Auftrag gegeben. Die angesprochenen Verkehrsmittel sollten vor allem der Bevölkerung Halleins und den Gästen dienen.

28   Dieses Foto zeigt das Aula-Werk, das 1922 von Kommerzialrat Anton Riess gegründet wurde. Filialbetriebe, die nach dem Krieg nicht mehr eröffnet werden konnten, befanden sich in Marburg seit 1924 und in Brünn seit 1926. Eine Schwesterfirma besteht seit 1948 in Bozen. Das Unternehmen befasste sich mit der Verarbeitung des in Hallein gewonnenen Sudsalzes, zu diversen Arten von Pöckelsalz und chemischen Produkten. Das Halleiner Pöckelsalz war immer eine Spezialität des Hauses und diente vor allem der Landwirtschaft und den Fleischereibetrieben. Seit Kriegsende sind umfassende Investitionen getätigt worden, die vor allem einer erforderlichen Kapazitätserweiterung des Aula-Werkes dienten.

29   Die Firma Emco Maier & Co, eine Fabrik für Spezialmaschinen, wurde 1947 von Herrn Ing. Karl Maier gegründet. Er führte das Unternehmen aus bescheidensten Anfängen zu einer anerkannten Größe. Im Stammwerk Hallein und den beiden Zweigbetrieben Georgenberg und Kleinneusiedel, waren fünfhundert Mitarbeiter beschäftigt. Dank eines zeitgemäßen Maschinenparks und moderner Fertigungsmethoden produzierte das Unternehmen preisgünstig Spezial-Werkzeugmaschinen für die Metall- und Holzverarbeitung. Das Sondermaschinenprogramm im Bereich der spannabhebenden Metallbearbeitung umfasste Einzelmaschinen und Verbundmaschinengruppen für die industrielle Fertigung.

30   Die Salzburger-Weberei-Aktiengesellschaft in Hallein ist erst im Jahre 1950 gegründet und errichtet worden. Bis Ende 1953 war sie ausschließlich eine Weberei, die für einen Wiener Textilkonzern Stoffe aus Baumwolle, Zellwolle und Mischgarn erzeugt hat. Das Arbeitsprogramm wurde mit 72 Webstühlen abgewickelt. Bei einer durchschnittlichen Produktion von 60 000 bis 70 000 m monatlich konnten achtzig Arbeiter und Angestellte beschäftigt werden. Das Arbeitsprogramm sah vor, sowohl für den Großhandel als auch für Fabrikanten und Konfektionäre Spezialartikel herzustellen. Hauptsächlich war an volkstümliche, sportliche und berufliche Kleidung gedacht. Darüber hinaus wurde immer auf eine besondere Qualität großer Wert gelegt.

31   Am 14. Oktober 1951 wurde der Heimatverein Almrausch gegründet. Nach den Wirren des Krieges hatten sich allmählich die Wogen geglättet, sodass die Menschen wieder an eine Geselligkeit denken konnten. Zudem waren die Erhaltung und das Weitertragen von Sitte und Brauch den Heimatverbundenen ein gewichtiges Anliegen. Deshalb wurde auch bereits 1954 eine Kindergruppe gegründet, die jeweils mit eigenen Tanz- und Spielvorträgen eingebunden war. Jeden Donnerstag wurde im Gasthaus Stampflbräu ein Heimatabend abgehalten. Im Jahreskreis feierte der Almrausch-Verein seine Feste, wobei das Aufstellen eines Maibaums, als Fruchtbarkeits- und Freiheitssymbol, nicht fehlen durfte. Im Jahre 1951 wurde auch der Tennengauer Gauverband gegründet.

32 Bis 1938 war der Dürrnberg eine eigene Gemeinde und hatte einen von den Gemeindebürgern gewählten Bürgermeister mit einem Gemeinderat. Mit der Machtübernahme wurden zahlreiche Gemeinden zusammen gelegt. So auch der Dürrnberg, der zur Stadt Hallein kam. Nach Kriegsende wurden Bestrebungen zur Loslösung von Hallein eingeleitet, die aber von der Bevölkerung abgelehnt wurden.
Die Dürrnberger haben erkannt, dass eine Kleingemeinde ohne Industrie und Gewerbebetriebe kaum lebensfähig sei. Der einzige Industriebetrieb, das Salzbergwerk war ja als Staatsbetrieb steuerfrei. (Am Foto sehen Sie die Gemeindevertretungen von Dürrnberg und der Stadt Hallein. In der Mitte sitzend Bürgermeister Neumayer aus Hallein und Bürgermeister Gracher vom Dürrnberg.)

33 Nach der Errichtung der Salzbergbahn im Jahre 1952 und des Kur- und Erholungsheims St. Josef wurden viele Erholungsuchende auf den Dürrnberg aufmerksam. Unter dem Schlagwort 'Erholung einmal anders' wurden viele Menschen neugierig und besuchten den Dürrnberg. Einer Privatinitiative, die sich aus den Herren Prof. Karl Zinnburg, Anton Hölzl, Anton Brückler und Franz Kurz zusammensetzte, war es zu danken, dass der Fremdenverkehr einen sprunghaften Aufstieg nahm. 35 Privatvermieter und die bestehenden Gasthöfe haben sich zu einem Verein zusammengeschlossen, der sich Kurverwaltung Dürrnberg nannte. Innerhalb von zwei Jahren war die Nächtigungsziffer auf 24 465 gestiegen.

34 Durch die gewaltige Zunahme der Bevölkerung während des Zweiten Weltkriegs schien das Wohnungsproblem die Hauptlast der kommunalen Verwaltung. Zur teilweisen Lösung beschritt die Gemeinde verschiedene Wege. Gleich in den ersten Monaten nach Kriegsschluss wurde zu einer freiwilligen Spendenaktion aufgerufen, um die durch Bombenschäden zerstörten Objekte wieder aufzubauen. Gleichzeitig wurde versucht, die von der Besatzungsmacht belegten Wohnungen frei zu bekommen, was auch größtenteils gelang. 1949 wurde ein auf weite Sicht ausgelegtes Wohnbauprogramm in Hallein-Süd (siehe Foto) begonnen. Bis 1954 konnten insgesamt 213 Wohnungen mit einem Kostenaufwand von 12,3 Millionen Schilling errichtet werden.

35 Kurz vor Ausbruch des Zweiten Weltkriegs war die Stadt von einer Typhus-Epidemie heimgesucht worden. Ursache war die Unzulänglichkeit der Wasserversorgungsanlage. Während des Krieges wurde mit der Ausarbeitung von Plänen begonnen. Die Kriegsereignisse aber verhinderten eine Ausführung der Arbeiten. Erst im Jahre 1946 konnte man mit der Verwirklichung beginnen, die auch schrittweise zum Erfolg führte. Da in Österreich kein Rohrmaterial zu bekommen war, mussten die Leitungsrohre von Bayern nach Österreich über die Grenze geschmuggelt werden. Durch die umfangreichen Verlegungsarbeiten der Wasserleitungen wurde es notwendig, gleichzeitig Kanalstränge zu errichten. Am Dürrnberg war die Leitungsverlegung, aufgrund des steilen Geländes, besonders schwierig (siehe Foto).

36   Nach 1945 mussten beträchtliche Mittel aufgewendet werden, um das Inventar in den Schulen zu erneuern. Dazu wurde es notwendig neue Lehrmittel zu beschaffen. Die Schulräume waren, aufgrund der erhöhten Schülerzahlen, zu klein. In dieser Situation drängte sich ein Neubauplan der Hauptschule Burgfried (siehe Foto) geradezu auf. Nach langen zähen Verhandlungen war es 1954 so weit, dass der geplante Hauptschulbau begonnen werden konnte. Die Gesamtkosten des Neubaues wurden auf 7,5 Millionen Schilling geschätzt. Die Hauptschule Hallein-Burgfried ist nach dem neuesten Stand der Technik errichtet worden. Für die übrigen im Gemeindegebiet befindlichen Schulen wurden ebenfalls, soweit es von Dringlichkeit war, Mittel bereitgestellt.

37   Auf dem Foto sieht man einen Luftschutzstollen (Rosenbergerstollen), der 1943 errichtet wurde. Nach der Einnahme von Sizilien Anfang 1944, vermochte die 15. US Army-Air Force jederzeit auch den Alpenraum anzugreifen. Wichtige strategische Ziele waren der Bahnknotenpunkt Salzburg, die Alpenfestung Obersalzberg und die Jägerkaserne Strub bei Berchtesgaden. Die ersten Bomben fielen in Salzburg am 16. Oktober 1944. Bis 1. Mai 1945 haben die Bomberverbände fünfzehnmal zugeschlagen. Die Menschen strömten in die Stollen, die auf der Bergseite Halleins angelegt waren. Auch die Bergwerksstollen am Dürrnberg wurden aufgesucht. Zusätzlich hatte man sogenannte Splittergräben gebaut, die allerdings gegen Sprengbomben kein Schutz waren.

38 Die Musikschule Hallein hat im Schuljahr 1947/48 den Musikunterricht aufgenommen. Die Stadtgemeinde Hallein, unter dem damaligen Bürgermeister Rudolf Winkler, hatte sich tatkräftig für dieses Projekt eingesetzt. Fritz Ullhofen und anschließend Franz Penninger leiteten die Schule mit Umsicht und ernteten auch erste Erfolge. Anfangs wurde der Unterricht im Schulgebäude am Lindorferplatz gehalten. Nach Freiwerden der Räume in der Bäumelschule an der Davisstraße, wurde das Haus teilweise der Musikschule zur Verfügung gestellt. Im Verlauf der Zeit sind Spielgruppen mit Akkordeon, Zither, Flöte, Hackbrett und Gitarre entstanden, die auch die Möglichkeit bekommen haben öffentlich aufzutreten.

39   Die Zeit von 1945 bis 1955 bezeichnete der Musikerzieher Adalbert Lorenz als denkwürdiges Kulturgeschehen. Durch die Folgen des Krieges verschlug es Lorenz nach Hallein, wo er sich mit gleichgesinnten Musikliebhabern dem musikalischen Leben zuwandte. Sein größter Erfolg wurde 'Die Schöpfung' von Josef Haydn (1732-1809). Als Dirigent hat Adalbert Lorenz in monatelanger Vorbereitung mit dem Halleiner Kirchenchor und den Solisten Luise Leitner (Sopran), Hubert Grabner (Tenor), Viktor Lochmann jun. (Bass) und Florian Braunsperger (Bariton) eine Glanzleistung vollbracht. Das Salzburger Mozarteumsorchester war für die musikalische Untermalung zuständig. Das Werk musste in Hallein und Salzburg mehrmals aufgeführt werden.

40 Auf diesem Foto sind die Goldhaubenfrauen von Hallein abgebildet. Vor 135 Jahren hat Frau Maria Leiseder geborene Schwarz, aus Riedau in Oberösterreich, die Goldhaube nach Hallein gebracht. Sie heiratete den Kaufmann Josef Leiseder sen. Diese erste Goldhaube wird heute noch von der Enkelin Marie-Luise Hickmann getragen. Sie hatte nach dem Zweiten Weltkrieg mit anderen Bürgersfrauen das Tragen der Goldhaube wieder salonfähig gemacht. Das Tragen der Bürgertracht mit Goldhaube war früher nur den reichen Bürgersfrauen vorbehalten. Auch heute noch werden die Kleider aus reiner Seide hergestellt, und auch der entsprechende Goldschmuck darf nicht fehlen. In der Stadt Hallein gibt es kaum einen feierlichen Anlass, den die Goldhaubenfrauen nicht durch ihre Anwesenheit verschönern.

41   Der Schiklub Hallein wurde am 9. September 1933 gegründet. Der in Hallein bestens bekannte Schipionier, Sepp Leeb, war einer der Gründer. Bei der Gründungsversammlung wurde er zum Sportwart gewählt. Seit dieser Zeit war Sepp Leeb in verschiedensten Positionen tätig. Bereits im Gründungsjahr wurde von den Mitgliedern die erste Sprungschanze gebaut. Nach Kriegsende musste der Schiklub neu ins Leben gerufen werden. Von 1948 bis 1952 war Sepp Leeb Obmann des Klubs. In seine Amtszeit fällt der Bau der Zinkenschanze 1952, auf der auch internationale Konkurrenzen ausgetragen wurden. Einer der sportlichen Höhepunkte war sicherlich das Abschlussspringen bei der Vierschanzentournee. In Zusammenarbeit mit der Stadtgemeinde Hallein wurden auch die Schiabfahrten über den Winterstall und Knappensteig, sowie am Zinken, ausgebaut. Am Foto ist Sepp Leeb links mit Ehefrau Resi bei einer Schitour zu sehen.

42 Der Siedlungsverein Rif-Taxach wurde im Jahre 1953 gegründet. Vorerst ging es um die Wahrung der Interessen für die Bevölkerung des Halleiner Stadtteiles Rif-Taxach. Unter den Obmännern Gumpoldsberger, Angerer, Kerschbaum sen., Schober und Hans Kerschbaum jun., wurde zum Wohle der Bürgerschaft viel geleistet. Aber auch die Geselligkeit wurde nicht vernachlässigt. Feste wurden gefeiert und die Tradition hochgehalten. Die älteren Rifer und Taxacher erinnern sich noch gerne an die Waldfeste. Eine Laienspielgruppe wurde gegründet, die zur Freude aller ihr bestes gab. Ein Erlebnis auf das man gerne zurückdenkt, waren die legendären Faschingsumzüge. Alle Kreise der Bevölkerung haben sich daran beteiligt. Auf humoristische Art wurde der Jahresablauf rekonstruiert. Das Foto zeigt den Rifer Fasching 1952.

43 Dieses Foto aus dem Jahre 1935 zeigt Herrn Viktor Lochmann mit seinen zwei 'Nachwuchsfischern'. Mit Stolz zeigt er seinen frisch gefangenen Salzach-Huchen. Eine Fischart, die später ausgestorben ist. Lochmann war erster Obmann des 1925 gegründeten Fischereivereins Hallein. Um eine Fischerei-Berechtigung zu bekommen, musste vorerst von der Stadt ein einwandfreier Leumund bestätigt werden. Von den 23 Personen, die um 1925 als Mitglieder eingetragen waren, gaben mehr als die Hälfte an, dass sie bei der Saline beschäftigt seien. Diese hatten auch den Vorteil, dass sie während der Dienstzeit die Beute von den 'Babenstangen' nehmen konnte. Gefischt wurden Barben, Nasen, Huchen, Bachforellen und Äschen. Die Fischgeräte bestanden aus einfachen Fichtenstangen mit einem Vorfach aus Rosshaar.

44 Als einer der ersten Flugsportvereine in Österreich wurde der Halleiner Flugsportverein am 13. Februar 1950 gegründet. Die neuen Mitglieder waren ehemalige Modellflieger, deren einziger Wunsch es war selbst in einem Flugzeug zu sitzen und in die Lüfte zu gehen. Zu dieser Zeit wurden die Flugkörper selbst gebaut. Nach etwa 3000 geleisteten Arbeitsstunden war es endlich so weit. Die ersten Sprünge konnten erfolgreich durchgeführt werden. Die Halleiner Segler beteiligten sich auch an internationalen Bewerben und erreichten das so begehrte Goldene Leistungsabzeichen. Um Segelflieger zu werden, mussten mehrere Voraussetzungen erfüllt werden. So war es notwendig Kenntnisse der Wissenschaft, der Meteorologie und Aerodynamik zu erwerben. Am Foto sieht man das erste selbstgebaute Flugzeug.

45 Die sangesfreudigen Frauen von Hallein wollten es den Männern gleichtun und gründeten im Jahre 1926 unter Frau Maria Gruber den Salzbergchor. Der erste Chormeister, Direktor Roider und Herr Bürgermeister Anton Neumayr, unterstützten die Frauen nach Kräften. Die Gesangsproben konnten in der Knaben-Volks-Bürgerschule abgehalten werden. Der Frauenchor organisierte ein reges Vereinsleben. Familienabende und Sängerreisen wurden abgehalten. Viele Anlässe in Hallein wurden genützt, um das musikalische Können unter Beweis zu stellen. Die politischen Ereignisse vom Feber 1934 brachten dem Chor ein jähes Ende. Die Vereinstätigkeit wurde verboten und das Vereinsvermögen beschlagnahmt. Nach 14-jährigem Stillstand nahm eine Frauengruppe bereits am 18. Mai 1948 die erfolgreiche Arbeit aus der Vorkriegszeit wieder auf und begann mit der Probentätigkeit.

46 Im Jahre 1924 waren es vier junge Männer, die den Grundstein zur Pflege der 'Zupfmusik' gelegt haben. 1928 ist das Ensemble auf 14 Musiker unter der musikalischen Leitung von Sepp Nissl angewachsen. Das erste Konzert hat im vollbesetzten Saal des Gasthofes Scheicher stattgefunden. Ab 1933 wurden jeweils Frühjahrs- und Herbstkonzerte gegeben. Das Orchester wirkte auch bei der 700-Jahr-Feier 1930 in der Stadt Hallein mit. Ab 1934 gab sich das Ensemble einen neuen Namen. Es hieß '1. Halleiner Mandolinen-Orchester-Verein'. Mit großem Eifer gingen die Herren ans Werk. Mehrmals im Jahr zeigten sie ihr Können durch Freiluft- und Saalkonzerte. Nach 11-jähriger Unterbrechung hat das Orchester im Jahre 1949 seine musikalische Tätigkeit wieder aufgenommen.

47   Im Jahre 1934 wurden die im Salzbergwerk Dürrnberg 1928 begonnenen Sondierungsbohrungen abgeschlossen. Sie haben im Wesentlichen die sogenannte Zerreissungstheorie bestätigt, der zufolge Salzablagerungen auch in größeren Tiefen vorzufinden sind. Am Dürrnberg ist die Bohrmannschaft bei 139 m, unter der Wolf-Dietrich-Sole, auf reines Kernsalz mit einer Mächtigkeit von einem Meter gestoßen. Anschließend folgte wieder eine Kalkschicht. Der Geologe bezeichnet die durchfahrene Schicht als 'Störungszone'. Die Tiefbohrungen wurden, wie wir heute wissen, zu früh abgebrochen. Spätere Bohrversuche haben gezeigt, dass die Reinheit des Salzstockes für die Produktion von 'Bohrlochsole' ungeeignet ist. Das Foto zeigt die gesamte Bohrmannschaft des Salzbergbaues Dürrnberg mit dem Betriebsleiter und den Steigern Gasperl, Meisl und Viertbauer.

48 Dieses Foto zeigt den alten Zeltplatz der Kinderfreunde aus dem Jahre 1951. Schon im Jahre 1920 haben die Halleiner Kinderfreunde ihre Arbeit aufgenommen. Mit Unterstützung des damaligen Bürgermeisters Anton Neumayer haben die Halleiner Kinderfreunde den ersten Kinderspielplatz, am jetzigen Seilbahn-Parkplatz, eingerichtet. Eine aus der Kriegszeit bestehende Holzbaracke wurde zu einem Treffpunkt für Kinder und Jugendliche umfunktioniert. Zahlreiche Aktivitäten haben die Halleiner Kinderfreunde ins Leben gerufen. So wurden Schi angekauft, Sport betrieben und sogenannte Heimstunden organisiert. Die Kinder hatten mit den Aktivitäten ihre Freude und auch viele Erwachsene unterstützten die Arbeit der Halleiner Kinderfreunde.

49   Die ersten Nachrichten über die Entstehung des Sportklub Olympia-Hallein stammen aus dem Jahre 1948. Eine kleine Gruppe von Sportlern aus Vigaun, mit starker Halleiner Unterstützung, gründeten unter Obmann Johann Brückler den Sportverein, der den Namen SK Vigaun trug. Nach dem Zweiten Weltkrieg konnte sich die Jugend wieder mit dem Sport befassen. Am Überschwemmungsgebiet der Taugl wurde ein erster provisorischer Fußballplatz errichtet. Am unebenen Gelände war es oftmals schwer, dem Ball den eigenen Willen aufzuzwingen. Schließlich entschied sich die Vereinsführung den Platz zu wechseln. Auf einem Pachtgrundstück des Schotterwerkes Sager und Wörner, wurde ein neuer Fußballplatz angelegt, auf dem auch das erste Meisterschaftsspiel ausgetragen werden konnte. Freilich musste auch diese Fläche vorerst gerodet und eingeebnet werden.

50 Dieses Bild zeigt einen Teil des republikanischen Schutzbundes Hallein. Die Zusammenkünfte wurden 'Wehrturnen' genannt und dienten der Fitness der Männer. Zusammengesetzt hat sich die Gruppe hauptsächlich aus Sportlern, Eisenbahnern, Postlern und Salinenarbeitern. Ideologisch gehörten die Mitglieder zu den Sozialdemokraten. Es wurde versucht den staatlichen Heimwehrtruppen die Stirne zu bieten, was natürlich von vorne herein zum scheitern verurteilt war. Trotzdem hatten die Schutzbündler versucht ihre Leute zu schützen. Bei jeder Kundgebung der Sozialdemokraten waren sie beteiligt und zeigten sich mit ihren Schlagstöcken. Mit Verschärfung der Krise wurde schließlich der republikanische Schutzbund verboten.

51 Nach der Volksabstimmung vom 11. März 1938 haben die Sieger mit einer Propaganda wie sie bis dorthin unbekannt war, auf die Menschen eingewirkt. Die Jugend, Arbeiter, Bauern und Unternehmer wurden aufgerufen in der großen Gemeinschaft mitzuwirken. In strahlender Begeisterung marschierte auch die Jugend mit und folgte somit dem Aufruf. Für die Schulen des Landes wurden Richtlinien erlassen, die unter anderem eine Werbung für die Hitlerjugend, eine Zusammenarbeit mit der Führung der H.J. und ein Hinweis, dass bei schulischen Veranstaltungen Dienstkleider zu tragen sind, beinhaltete. Besonders gefördert wurde der Sport und das Heimatbewusstsein. Das Foto zeigt eine Halleiner Jugendgruppe, den 'Fanfarenzug', der bei diversen Anlässen stolz durch die Stadt marschierte.

52 Der Halleiner Salamifabrikant Hubert Franz Grabner kam 1939 in die Meisterklasse des bekannten Maestro Moratti, eines Freundes von Klemens Kraus, in das Salzburger Mozarteum. Als Grabner im Jahre 1941 nach Abschluss seiner Studien an die Wiener Volksoper engagiert werden sollte, wurde er zur Wehrmacht eingezogen und war dort bis Kriegsende gebunden. Aber gerade dadurch hatte er das große Glück seine Studien bei dem berühmten Wagner-Sänger Isodore de Fagonaga fortzusetzen. Schon als Marinesoldat wurde Grabner zu mehreren Konzerten in Paris und Bordeaux herangezogen. 1947 kam er in die Heimat zurück und wurde hier einer der gesuchtesten Tenöre. Bei Domkonzerten, den Salzburger Festspielen, an der Wiener Staatsoper und in München war er tätig.

53 Nach Erhalt der behördlichen Konzession zur Errichtung einer öffentlichen Apotheke in der Stadt Hallein eröffnete Mag. Alfred Wallerberger am 15. November 1950 sein Geschäft unter der Bezeichnung Burgfried-Apotheke (siehe Foto). Nach Überwindung der Anfangsschwierigkeiten, die vor allem den Verhältnissen in der Nachkriegszeit zuzuschreiben waren, hat der erfahrene Apotheker sein Unternehmen zu einem blühenden Betrieb empor gewirtschaftet. Mag. Wallerberger hat das Unternehmen bis zur Übergabe an seine Tochter geleitet.

54 Mit Kriegsende 1945 haben sich auch in Hallein Zustände ergeben, die bis dahin für den Großteil der Bevölkerung undenkbar gewesen wären. Plünderungen haben eingesetzt und der Schleichhandel blühte. Die in Hallein angesiedelten Flüchtlinge wurden auch von der PEP ('President Escapec Programm') aus den USA entsprechend betreut. Zigarretten, Schokolade, Mehl und Zucker wurden gehandelt. Natürlich am Tauschweg oder zu überhöhten Preisen. Am Foto ist der Transport von Kohle zu sehen. Eine Schiffsladung Heizmaterial, für die vierzig im Lager Hallein untergebrachten orthodoxen Juden, die aus den KZ-Lagern nach Hallein gekommen sind, wird gerade entladen.

55 Als Schüler namhafter Maler hat Hans Sengthaler sein Können durch den Besuch von zahlreichen Seminaren gesteigert. Auf seinen Reisen durch Europa holte er sich neue Eindrücke. Fasziniert hatte ihn immer wieder das einmalige Landschaftsbild der Salzburger-Berchtesgadener Hochalpen, vor der eigenen Haustüre. Bedeutende Herausgeber von illustrierten Zeitschriften suchten seine Mitarbeit. Anlässlich der internationalen alpinen Kunstausstellung in Budapest 1930 wurden dem Künstler zahlreiche Ehrungen zuteil. Am Bild ist ein Ausstellungsobjekt 'Hallein mit Kaltenhausen und den Barmsteinen' als Hintergrund Bad Dürrnberg mit dem Hohen Göll zu sehen.

56 Eine seltene Abbildung ist dieses Gruppenfoto aus dem Zementwerk Gartenau. Einer der größeren Betriebe in Hallein-Nord, der auch eine interessante geschichtliche Entwicklung vorzuweisen hat. Am Bild sind die sogenannten Klauberfrauen von der Zementfabrik Gartenau um 1920 zu sehen. Sie hatten die Aufgabe den gebrannten Zementklinker, je nach Qualität auszusortieren. Der Verdienst der Frauen war eine wichtige Einnahmequelle für die Arbeiterfamilien. Seit dem Bestehen des Werkes 1838 wurden von den Besitzern viele Erneuerungen durchgeführt. 1929 wurde ein neues Werk errichtet und 1960 ein Drehofen mit Wärmetauscher in Betrieb genommen.

57 Ein Wirtschaftskonzept, das 1945 für die Saline Hallein erstellt wurde, machte eine Rationalisierung des gesamten Sudhüttenbetriebes notwendig. Unter dem Amtsvorstand Hofrat Dipl.-Ing. Fritz Münzer wurde 1951 eine grundlegende Umgestaltung des Sudbetriebs eingeleitet. Anstelle der alten Flachpfannen wurde eine neue Thermokompressionsanlage errichtet, die 1955 in Betrieb ging. Mit einer nach dem Prinzip der Wärmepumpe arbeitenden Betriebsanlage konnte eine Produktion bis zu 40 000 Jahrestonnen (1960) erreicht werden.

58 Das Salzvorkommen am Dürrnberg war von Anbeginn Grundlage für die Folgeindustrie. Die Ebenseer Solvay-Werke und die Halvic-Kunststoffwerke, im Jahre 1950 gegründet, bedienten sich des Grundstoffes Salz. Die Halvic war das einzige österreichische Unternehmen, das thermoplastischen Kunststoff erzeugte. Die Produktion deckte nicht nur den gesamten inländischen Bedarf, sondern lieferte auch beträchtliche Mengen in alle Welt. Seit der Gründung belieferte die Firma eine Reihe von kunststoffverarbeitenden Betriebe. Vor allem zur Erzeugung folgender Produkte: Kunstleder, Folien, Bodenbeläge, Sportartikel, Verpackungsmaterialien, Spielwaren und Installationsmaterial. Am Foto ist das neue Werk in der Buchhammerau zu sehen.

59 Die Zellulose- und Papierfabrik Hallein hatte oftmals Männer an der Spitze des Unternehmens, die eine sehr soziale Einstellung hatten. Der Bau von Kindergärten und Versorgungseinrichtungen gehörte ebenso zu diesen Leistungen wie der Wohnbau. Als sich nach Ende des Zweiten Weltkriegs die wirtschaftliche Situation wieder gefestigt hatte, war das wichtigste Anliegen der Belegschaft der Bau von Wohnungen. Eine besonders schöne Anlage entstand im Jahre 1953. Fünf Doppelhäuser sind am Südrand der Stadt entstanden, die in der Folge von Angestellten der Firma bezogen werden konnten. Somit stehen den Mitarbeitern des Werkes 140 Wohnungen in 61 Wohnhäusern zur Verfügung.

60 Das Schützenwesen der Dürrnberg Bergknappen hat eine lange Tradition. Bürger und Bauern waren im Mittelalter auf den Eigenschutz ihres Besitzes angewiesen. Die Folge davon war, dass sich bewaffnete Wehren bildeten, von denen auch die Landesfürsten wiederholt Gebrauch machten. Die von Erzbischof Sigismund 1494 angeordnete Volksbewaffnung dürfte der Grundstein dazu gewesen sein. Eine neue Schützenordnung wurde von Erzbischof Wolf Dietrich für Hallein und den Dürrnberg 1603 erlassen. Zur Ausübung des Scheibenschießens mussten Schießstände errichtet werden. Vorerst am sogenannten Klosteranger und anschließend am Bachbauernköpfl. Die letzte bekannte Schießstätte wurde unweit des Vorderramsaugutes 1911 eingweiht (siehe Foto), die 1951 abgetragen wurde.

61 Bis in unsere Tage hat sich am Dürrnberg der Knappen- oder Schwerttanz der Bergknappen erhalten. Die älteste Urkunde reicht auf das Jahr 1586 zurück. Dieser historische Zunfttanz wurde und wird nur bei besonderen Anlässen aufgeführt. Sogar während der Kriegszeiten verzichtete man nicht auf eine Aufführung. Damals waren es Jugendliche und Kinder der eingerückten Bergknappen, die diese Tradition fortsetzten. Nach Kriegsende kam es 1950, siehe Foto, zu einer ersten Aufführung des Knappentanzes mit Obersteiger Johann Benischek vor dem Wolf-Dietrich-Berghaus im Raingraben. Der Rundtanz veranschaulicht in zwölf Figuren die Arbeit des Bergmannes untertags. Eine eigens komponierte Polka-Melodie, vorgetragen von der Bergknappenmusik, begleitet den Tanz. Der Steiger spricht dazu sinnhafte Verse.

62 Das Theaterleben hatte in Hallein immer schon hohe Bedeutung. Mit Sicherheit hat das Vorbild, Residenzstadt Salzburg, dazu beigetragen. Dazu kamen wandernde und fahrende Gruppen, die ihr Können zeigten, da sie ja in den Wintermonaten als Schöffleute bei der Salzschifffahrt nicht beschäftigt werden konnten. In den zwanziger und dreißiger Jahren unseres Jahrhunderts hat sich die Halleiner Liedertafel Verdienste erworben. Die zahlreichen Gasthäuser, der Tanzboden im Rathaus und das neu erbaute Stadttheater waren die Grundlagen für besondere Aufführungen. Konzerte, Operetten oder Liederabende wurden den Zuhörern und Zusehern geboten. Am Foto sieht man das Ensemble anlässlich der Aufführung der Operette Schwalbennest von Ernst Marischka am 2. April 1937. Von links sitzend: Josef Leiseder, Hedi Voglmayr, Xaver Bruckner, Liesl Moosleitner und Karl Eisenhofer.

63 Die Bräuerstraße, heute ein Teil der Bundesstraße 159, wurde früher auch Bräugasse, Rabau und Rabaugasse genannt. Das ganze Gebiet wurde als Zaglau bezeichnet. Von den drei Bräuhäusern, die es dort gegeben hat, ist heute noch das Rottmayrbräu (Haus Grafinger) bekannt. Die anderen beiden Brauereien mussten dem Textilwerk weichen. Die alte Bezeichnung Rabau bzw. Rabaugasse leitet sich vom Namen Rabau ab. Es gab dort das sogenannte Rabhaus. Im Zusammenhang mit der dort bestehenden Au hat sich eben der Name Rabau ergeben, während das anschließende Grundstück Zaglau hieß.

64 Die Maschinenfabrik Friedmann und Maier besteht seit 1946. Ihre Gründer waren Emmerich Satzger, die Gesellschaft der Firma Alex Friedmann in Wien und Ing. Karl Maier aus Hallein. Mit Maschinen der amerikanischen Besatzungsmacht wurden zunächst Ölbrenner und Schmierpumpen für Lokomotiven produziert. In der Folge wandte man sich der Fertigung von dringend benötigten Ersatzteilen für Dieseleinspritzpumpen zu, bis schließlich in Zusammenarbeit mit Prof. Dipl.-Ing. Dr. Anton Pischinger die erste F. & M. Dieseleinspritzpumpe für die Steyrer Werke geliefert wurde. Alsbald verwendeten alle österreichischen Motorenwerke nur noch in Hallein produzierte Einspritzpumpen. Der Exportanteil betrug 1949 60 Prozent, die Zahl der Beschäftigten lag bei fünfhundert Personen.

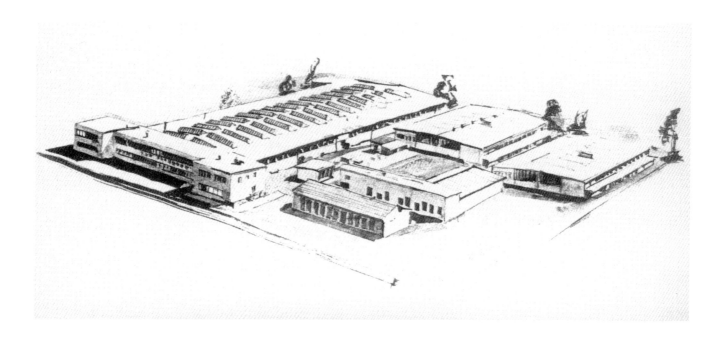

65   Am Fuß der beiden Barmsteine liegt die ehemals fürsterzbischöfliche Hofstadt Kaltenhausen. Die Brauerei wurde im Jahre 1475 vom damaligen Bürgermeister der Stadt Salzburg, Johann Elsenhaimer, gegründet und ging 1498 in den Besitz des Erzbistums Salzburg über. Nach wiederholtem Besitzerwechsel wurde sie 1901 von den letzten Eigentümern, den Grafen Arco-Zinneberg, in die Aktiengesellschaft Brauerei Kaltenhausen umgewandelt, und 1925 in die österreichische Brau-Aktiengesellschaft eingegliedert. Die unter dem Namen Hofbräu Kaltenhausen sehr bekannte Brauerei verfügte immer über eine leistungsfähige Anlage. In den fünfziger Jahren wurde das Produktionsprogramm durch die Erzeugung alkoholfreier Getränke erweitert.

66 Bereits Ende des Ersten Weltkriegs hatte sich eine Anzahl von einschlägigen Firmen mit dem Gedanken Fahrradmotoren zu produzieren, beschäftigt. In Österreich befassten sich seit 1949 die Halleiner Motorenwerke mit der Herstellung solcher Kleinmotoren und kompletter Motorfahrräder. Die erste Serie der Fahrradanbaumotoren wurde unter der Bezeichnung 'Fuchs' auf den Markt gebracht. Später dann wurde das Motorfahrrad 'Foxinette' als komplettes Fahrzeug entwickelt. Das neueste Ereignis dieser Art war das Moped 'HMW', das im Sommer 1953 auf den Markt gebracht wurde. Mit diesem Produkt war es möglich Expeditionen in ferne Länder zu unternehmen. Im Sommer des Jahres 1951 zum Beispiel legte Herr Dr. Wunderer 12 000 km, anlässlich seiner Fahrt nach Afrika zurück.

67 Zu den jungen Unternehmen Halleins zählte auch die Erdal-Blendax GesmbH mit der Fabrikation von kosmetischen und chemisch-technischen Artikeln. Im Juni 1953 wurde der Firmensitz von Wien nach Hallein verlegt. Bei der Firma Werner und Märtz AG, Erdal-Fabrik und Blendax GesmbH handelt es sich um ein Unternehmen, dass Blendax-Zahnpasta, Hautcreme, Rasiercreme, Brillantine, Shampoos, Lippenstifte, Polituren etc. produziert. Die Erzeugung erfolgte in modernen Kessel- und Gießanlagen. Das Unternehmen beschäftigte im Gründerjahr in Hallein 65 Mitarbeiter. Es war aber zu erwarten, dass in absehbarer Zeit der Personalstand wesentlich erhöht wird. Tatsächlich hat sich die Produktion und auch die Mitarbeiterzahl ständig ausgeweitet.

68   Zur Linderung der Kleingeldnot wurde auch in Hallein 1920 Notgeld ausgegeben. Aufgrund des 1918 zu Ende gegangenen Ersten Weltkriegs war der Staat nicht in der Lage das notwendige Münzgeld herzustellen. Die Gemeinden erhielten deshalb die Berechtigung als Ersatz Geldscheine herzustellen und in Umlauf zu bringen. Diese Genehmigungsverfahren waren meist langwierige Prozesse. Mitte Juni 1920 beschloss der Gemeinderat der Stadt Hallein die Ausgabe eines künstlerisch wertvollen Geldscheines. Hergestellt wurden die Noten in der Halleiner Schulwerkstätte unter der Anleitung des Fachlehrers Karl Schulz.

Das Foto am Geldschein zeigt die Salzach mit der Saline. Bürgermeister Neumayer und die beiden Vizebürgermeister Wallner und Auböck haben die Scheine unterzeichnet.

69 Im Jahr 1941 haben die Eugen-Grill-Werke auf dem ehemaligen Areal der Zigarrenfabrik zum Zweck einer Fabrikation für Flugzeugmotoren ihre Produktion aufgenommen. Im Jahr 1943, als die Bombenangriffe der Engländer immer näher rückten, wurde die Produktionsanlage von Flugzeugmotoren verlagert. Die Abhänge des Dürrnberges mit den 'Rossfelder Schichten' waren zur Anlage eines Stollensystems geeignet. Die Wehrmachtseinheit Organisation Todt, alles waffenunfähige Männer, die wegen ihres Alters oder eines Gebrechens kriegsuntauglich waren, schafften die Voraussetzungen.

Die Aufnahme zeigt den Hauptstollen zur Produktionsanlage der sogenannten Grill-Stollen.

70 Die Chloralkalielektrolyse, die im Jahr 1926/27 in der Nachbarschaft der Saline auf der Pernerinsel errichtet wurde, nahm im Jahre 1928 den Betrieb auf. Vorerst war das Werk im Eigentum der österreichischen Salinen, kurze Zeit wurde es von den Ebenseer Solvay-Werken übernommen. Das Produktionsprogramm umfasste folgende Erzeugnisse: Ätznatron flüssig und fest, Chlor, Chlorkalk, Salzsäure und Natriumhypochloridlauge. Später wurde Xylamon als Holzschutzmittel in das Programm genommen. Nach 25 Jahren erschien es notwendig ein neues Werk im Stadtteil Neualm zu errichten, das 1953 in Betrieb ging. Das Unternehmen beschäftigte 600 Mitarbeiter.

71   Die Aufnahme vom Jahre 1925 zeigt das alte Gasthaus 'Bergmannstreue' am Dürrnberg. Die Frau mit dem Korb am Rücken ist die 'alte Prähauserin'. Vor dem Haus ein einspänniges Pferdefuhrwerk mit drei Bierfässern, die vom Hofbräu Kaltenhausen auf den Dürrnberg gefahren werden mussten, beladen. Das Gasthaus gegenüber der Wallfahrtskirche 'Maria Dürrnberg' gelegen, war auch der Kirchenwirt. Die Häuser am Dürrnberg trugen meist auch die Namen der jeweiligen Besitzer, in unserem Fall früher 'Günthers Gasthaus' und anschließend 'Gasthaus Schwab'. Das Haus fiel 1931 einem Brand zum Opfer, wurde aber in der ursprünglichen Form wieder aufgebaut.

72 In der Salzburger Wacht vom 14. März 1933 war zu lesen: Hallein von Militär besetzt. Auf eine Anzeige hin wird seit heute morgen in Hallein nach Waffen gesucht. Am frühen Morgen trafen 11 Lastautos mit Militär aus Salzburg ein. Alle strategisch wichtigen Punkte der Stadt wurden besetzt. Auch die Brücken von Kaltenhausen zur Stadt. Desgleichen die Zugänge zum Dürrnberg und nach Vigaun. Selbst die Bergwerkseingänge erhielten Wachposten. Durch die Stadt zogen Militärpatrouillen mit aufgepflanztem Gewehr. Dort und da begegnete man Eskorten mit Verhafteten. Militär und Gendamerie bestanden aus dreihundert Mann. In der Stadt herrschte große Aufregung, zumal auch Privatpersonen verhaftet wurden.

73 Durch den Bau der Salzbergbahn hat der Fremdenverkehr am Dürrnberg erst richtig eingesetzt. Die Ordenskongregation der Schwestern von der schmerzhaften Mutter, hat das bis dorthin nur als Exerzitienheim genutzte Kloster 1953/54 zu einem Ferienheim unter dem Namen 'Kuranstalt und Erholungsheim St. Josef' umgebaut. Im Jahre 1959 bekam das Haus einen Zubau und ein Solehallenbad. Die Leitung des Hauses lag in Händen der Schwester Oberin, des Hausarztes Dr. med. Anton Puttinger und des Geschäftsführers Dr. Karl Zinnburg. Binnen kürzester Zeit hat das Haus einen guten Ruf bekommen.

74 Eine Führung durch das Salzbergwerk Dürrnberg war in früheren Jahrhunderten nur den hohen Gästen des Erzbistums Salzburg vorbehalten. In den Gästebüchern sind die 'Herrschaften' festgehalten. Eine Bergeinfahrt nach Belieben und ohne vorherige Genehmigung gibt es erst seit den zwanziger Jahren. Einen Aufschwung erlebte die Bergeinfahrt erst mit dem Bau der Salzbergbahn. Mit der Errichtung eines zeitgemäßen Einfahrtsgebäudes und dem Ausbau der Bergwerksstrecke konnte ein größerer Personenkreis bewältigt werden. Bis zum Jahre 1951 sind die Bergwerksbesucher beim Wolf-Dietrich-Berg ans Tageslicht gekommen und mussten von dort eine Viertel Stunde bis zur Stadt zu Fuß zurücklegen. Mit der Errichtung des sogenannten Eggl-Riedl-Stollens konnten dann die Gäste bis zur Talsohle abrutschen und von dort erreichten sie mit einem sogenannten Büffelzug die Seilbahn-Talstation.

75 Die Gründung der Drogengroßhandlung Friedrich Jacoby & Co. geht auf das Jahr 1946 zurück. Kommerzialrat Dkfm. Friedrich Jacoby hat sein Werk in unermüdlicher Tätigkeit und Fleiß aufgebaut. Nicht nur auf dem Veterinär Sektor zählt der Betrieb zu einem der bedeutendsten Österreichs auch mit seiner humanmedizinischen Erzeugung gehört er zu den führenden Apothekenlieferanten. Die Tradition wurde vom Nachfolger des Gründers über Jahrzehnte fortgesetzt.

76 Dieses Foto aus dem Jahre 1922 zeigt die Bergeinfahrt am Dürrnberg mit einer Gruppe von Bergwerksbesuchern, dem Bergwerksführer und einem Mitfahrer. Bis zum großen Umbau der Bergwerks-Besucherstrecke im Jahre 1951 war die Besucherzahl für eine Gruppe auf maximal zwölf Personen beschränkt. Grund hierfür waren die steilen Bergwerksrutschen. Ein Steiger konnte maximal mit sechs Personen abrutschen. Zu dieser Zeit sind die Gruppen über den Wolf-Dietrich- und Eggl-Riedl-Stollen bis zur Talsohle nach Hallein abgefahren. Später konnten die Bergwerksbesucher über zwei Selbstrutschen die Tour bewältigen. Seiter beteiligen sich an einer Gruppe maximal fünfzig Personen. Das Bild zeigt im Hintergrund den großen Magazin-Stadl, links das Garderobehaus und oben die Wallfahrtskirche Maria Dürrnberg.